Antonio Mira de Amescua

Obligar contra su sangre

Edición de Vern Williamsen

Créditos

Título original: Obligar contra su sangre.

© 2024, Red ediciones S.L.

e-mail: info@linkgua.com

Diseño de cubierta: Michel Mallard.

ISBN rústica: 978-84-9816-113-7.
ISBN ebook: 978-84-9897-591-8.

Cualquier forma de reproducción, distribución, comunicación pública o transformación de esta obra solo puede ser realizada con la autorización de sus titulares, salvo excepción prevista por la ley. Diríjase a CEDRO (Centro Español de Derechos Reprográficos, www.cedro.org) si necesita fotocopiar, escanear o hacer copias digitales de algún fragmento de esta obra.

Sumario

Créditos _____ **4**

Brevísima presentación _____ **7**
  La vida _____ 7

Personajes _____ **8**

Jornada primera _____ **9**

Jornada segunda _____ **45**

Jornada tercera _____ **77**

Libros a la carta _____ **107**

Brevísima presentación

La vida

Antonio Mira de Amescua (Guadix, Granada, c. 1574-1644). España. De familia noble, estudió teología en Guadix y Granada, mezclando su sacerdocio con su dedicación a la literatura. Estuvo en Nápoles al servicio del conde de Lemos y luego vivió en Madrid, donde participó en justas poéticas y fiestas cortesanas.

Personajes

Don Lope de Estrada, viejo
Don Nuño de Castro
Don García Velázquez
Doña Sancha
Doña Elvira
Costanza, criada
Laín, gracioso
Un Justicia mayor
Andrada, criado
Un Escudero
Un Criado

Jornada primera

(Salen don Nuño y don Lope, viejo.)

Nuño   Ya, don Lope de Estrada, hemos llegado
a este frondoso sitio, hermoseado
de esta undosa corriente
que río a su fin corre y nace fuente,
cuyo curso, impidiendo al Sol ardores,
cinta de plata, ciñe esa ribera
y, abismo de cristal, riega esas flores.

Lope   ¿Qué tiene que ver eso con llamarme,
y aquí solo traerme?
¿Es para que riñamos?

Nuño   Perdonarme
el cansancio podéis; que si atreverme
a sacaros aquí solo he querido,
es, don Lope de Estrada, porque oído
a mis razones deis un rato atento;
que las vuestras conmigo, en ocasiones,
más parecen agravios que razones.

Lope   Fue el consejo que os di de fiel amigo,
el mal que en el Rey siento es de vasallo
tan leal, que no hallo
quien excederme pueda,
si no es que aquí yo mismo a mí me exceda.

Nuño   Confieso esa verdad; mas ya que sigo
la queja a que me habéis ocasionado,
respondedme, don Lope, más templado.
¿Qué culpa tengo yo de los retiros

de Alfonso, nuestro Rey? ¿Qué culpa tengo
de que lamente a voces, con suspiros,
de la bella Raquel la infausta suerte?
¿Fui cómplice atrevido yo en su muerte?

Lope   Don Nuño, las acciones del monarca
y de los que en oficios colocados
son como reyes casi venerados,
cuando efectos no son de tiranía,
no las ha de impedir ciega osadía,
ni murmurarlas; porque en esta parte
el que murmura de su Rey con arte,
con gusto, con cuidado,
aunque premio no tenga el merecerlo,
o ama el que es traidor, o quiere serlo.
Alfonso amor tenía;
vos y vuestros parientes —¡qué osadía!—
con ánimo traidor —¡qué infame hecho!—
rompisteis de Raquel el blanco pecho,
pudiendo, como nobles castellanos,
depuestos los aceros de las manos,
con blandas quejas y piadosos ruegos,
vencer de Alfonso los ardores ciegos.
Dejárasle gozar lo que quería;
que un día llama a voces a otro día,
y suele en la delicia más ufana,
lo que hoy parece bien cansar mañana.
Y cuando el rostro un Rey atento entrega
a sus vasallos, y a la voz no niega
de sus piadosas quejas los oídos,
débese permitir que los sentidos
gocen tal vez delicias,
deleites o caricias,
pues para obedecer de Amor las leyes,

	hombres como nosotros son los reyes.
Nuño	No niego esas verdades;
	pero, con descompuestas libertades,
	hacerme vos culpado
	en lo que yo, don Lope, no he pecado,
	es querer, si se mira,
	que haga su efecto contra vos la ira.
Lope	Culpado fuisteis vos, un traidor fuisteis.
	Tome el acero, aunque en mi débil mano,
	venganza de esta afrenta.
Nuño	Ya me pesa. ¡Por Dios, qué desvarío!
Lope	Aunque tengo fuerzas, no me falta brío.
Nuño	¿Qué pretendéis?
Lope	Mataros.
Nuño	Quisiera, arrepentido, reportaros.
Lope	Si no reñís, os mataré.
Nuño (Aparte.)	(Furioso
	le tiene ya la injuria, y animoso
	quiere vengarse. Defenderme intento;
	que, en todas ocasiones,
	ha sido la defensa acuerdo sabio,
	pues no hay que asegurarse del agravio.)
Lope	Flacas las fuerzas de mi brazo siento.

(Entran riñendo, retirándose don Lope.)

Nuño   No a tan justos pesares me ocasiones;
         no midas más tu acero con el mío.

(Dentro.)

Lope   ¡Muerto soy!

(Sale don Nuño, con la espada en la mano.)

Nuño   ¡Ay de mí! ¡Loco brío!
         ¡Ciego y precipitado!
         Ya difunto cadáver le he dejado.
         Retirarme pretendo,
         porque me sigue gente, a lo que entiendo.
         No buscaba su muerte.
         Efectos son de mi infelice suerte.

(Vase. Salen doña Sancha, Laín, Costanza y don García.)

García   Sancha, tus cosas no entiendo;
           yo vivo y muero quejoso,
           Pues si en tu favor reposo,
           en tus desdenes me enciendo.
              A un mismo tiempo que miras
           mi firme verdad dichosa,
           mi voz escuchad piadosa,
           y tirana te retiras.
              ¿Cómo puedes, Sancha mía,
           permitir, si en tu beldad
           halló lugar la piedad
           que le halle la tiranía?

Sancha   ¿Yo, tirana? Aquí llegaste,
perdido por la maleza
de esa encumbrada aspereza,
y albergue en mi casa hallaste.
    Referísteme tu historia,
que de la guerra venías
de Cuenca, y que en pocos días
se consiguió la victoria;
    que a Burgos, donde se encierra
el padre que te dio ser,
las treguas iba a hacer
del cansancio de la guerra.
    Porque el Rey, algo obligado
de un fiero accidente loco,
dejó a Toledo ha muy poco
y a Burgos se ha retirado;
    que una hermana, en fin, te dio
el cielo, hermosa beldad,
que desde su tierna edad
en la Huelgas se crió,
    porque le faltó su madre;
que del convento ha salido
agora, porque ha venido
con Alfonso el Rey tu padre,
    y porque más amparada
de mí tu nobleza vieras,
me referiste que eras
Garci-Velázquez de Estrada.
    Yo, que tu nombre escuché,
sin ver que un hermano tengo
en Burgos, a quien prevengo
la obediencia, que entregué
    con voluntad más que humana,
atropellé, firme en ella,

  los recatos de doncella
con los respetos de hermana;
 y aunque en parte recelosa,
por las razones que ves,
quise admitirte cortés
y aposentarte piadosa.
 Mira pues qué tiranía
cabe en aquesta verdad;
o ha sido error mi piedad,
o es culpa mi cortesía.

García   ¿No dices más?

Sancha   Pues, ¿qué ha habido
que a mí el decirlo me impida?

García   Lo que callas de encogida,
yo lo diré de atrevido.
 La primera vez que oíste
mi amoroso pensamiento,
culpaste mi atrevimiento
pero no me despediste.
 Segunda vez llegué osado,
aunque temí tu disgusto,
y escuchásteme con gusto,
mirásteme con agrado.
 Y un día, que los favores
del mirar y del oír
pude, Sancha, conseguir,
saliste a coger las flores
 de este músico arroyuelo,
cuya voz nace halagüeña
en la boca de esa peña,
y muere en la tumba de hielo.

	Mi mano aquí bulliciosa, porque gloria distribuya, andaba tras de la tuya como abeja tras la rosa. Tú, que con vergüenza aprisa tejes púrpura en tu cielo, cubriste a la mano un velo, y descubriste la risa. Dudó la ignorancia mía si era la risa en tu intento pesar de mi atrevimiento o burla de mi osadía; mas mi afecto soberana me dijo, porque porfíe: «Jamás boca que se ríe suele negar una mano.» Su nieve y así el sosiego como le usurpó al sentido, con mis labios atrevido, quise ver si era de fuego. Vilo; y en esta porfía, desvanecido y ufano, ni retirabas tu mano, ni te enojaba la mía; y así, con esta violencia...
Sancha	No prosigas.
García	Callaré.
Laín	Mi Constanza, siempre fue discreta y sabia advertencia no estorbar al que llegó a la ocasión que desea;

> como yo los pies menea,
> y harás lo mismo que yo,
>   sígueme, aunque no te cuadre,
> pues sabes que tuyo soy.

Costanza
> Por no estorbarlos me voy;
> que esto aprendí de mi madre.

(Vanse Costanza y Laín.)

Sancha
>   Ya estamos solos agora;
> que refieras te permito
> lo demás, Garci-Velázquez,
> que en tu empeño has conseguido.

García
> ¿No has dicho que has de ser mía?

Sancha
> Es verdad que yo lo he dicho;
> pero en la distancia que hay
> del pronunciarlo al cumplirlo,
> temo —¡ay de mí!— que has de ser
> como el amante fingido
> que huyendo estragos de Troya
> por los undosos zafiros,
> le condujo hasta Cartago
> leve leño y blando lino.

García
> Pues, ¿temes que imite a Eneas?

Sancha
> Eso temo y eso miro.
> ¿Sabes lo que obró inconstante?

García
> Huésped fue de Elisa Dido,
> vencióse de su belleza,

	perdió sin alma el juicio,

            perdió sin alma el juicio,
            palabra la dio de esposo,
            gozóla y después, vencido
            de la ingratitud, huyó.

Sancha   ¡Oh, cruel! ¡Oh, fementido!
            ¡Que huyó después de gozarla!

García   Hasta hoy ha merecido,
            por eso, nombre de ingrato.

Sancha   Yo lo creo; ya me inclino
            a resistir tus intentos.
            Vete, por Dios, yo te pido
            que te vayas y me dejes.

García   ¿Qué dices, Sancha? ¿Qué has dicho?

Sancha   Que te vayas, don García.

García   Pues lo que el troyano hizo,
            ¿quieres que mi amor lo pague?

Sancha   Hombre fue y hombre has nacido,
            pues bástame aquel ejemplo
            para temer el peligro.

García   El mármol será inconstante;
            con mi pecho, el bronce...

Sancha   Digo
            que no quiero ser despojo
            de las llamas y el cuchillo.
            Vete, o por Dios, que la vida

	me quite.
García	Tanto la estimo
	que solo porque la tengas
	voy a perder el sentido.

(Hace que se va.)

Sancha	Pero con discurso poco
	pronuncio lo que has oído.
	Error ha sido culpable
	porque, atento al beneficio,
	sabrás vivir obligado;
	porque hasta agora no he visto
	señas en mi de otra Elisa,
	ni en tus palabras indicios
	para temerte otro Eneas,
	falso amante y fugitivo.
	Mi huésped eres, estáte.
(Aparte.)	(No sé dónde muero o vivo.
	Quiérole, y mi daño temo.
	Temo el daño y me retiro.
	Vase, y mátame su ausencia.
	Pues, cielos, ¿por qué lo envío
	si no he de vivir sin él?)

García	Hallarás en tus desvaríos
	la sinrazón de intentarlos
	o el pesar de consentirlos.

Sancha	No puedo más; que luchando
	están los discursos míos
	con valor para vencer,
	con temor por ser vencidos.

	La verdad es que te quiero;
	ya lo dije, ya está dicho;
	pero cuando considero
	el mayor daño, reprimo
	mis afectos y quisiera,
	antes de haberme rendido
	a su fuerza, ser un mármol,
	depósito helado y frío.
	Porque pienso que ha de darme
	bastante ocasión mi olvido,
	no digo para quitarme
	la vida, que no es castigo
	en quien llega a aborrecer
	que muera lo que ha querido
	sino para...; mas no quiero,
	aunque lo siento, decirlo.
	Entiende lo que quisieres;
	que ni pongo con juicio
	en mi acción lo que ejercí
	ni en mi boca lo que digo.
García	¿Qué temes, Sancha? ¿Qué temes
	si tan ilustre has nacido?
	Dame, besaré tu mano.
(Dale la mano.)	
Sancha	Mal mis intentos reprimo.
	¡Déjame, por Dios! Que tienes
	en las palabras hechizos.
(Aparte.)	(Y yo no sé lo que tengo;
	que estos lances consentidos
	llegan siempre a ser estragos
	del honor más defendido.)

García	Que seré tu esposo juro, que seré tu esposo afirmo. Lo que mal quisiere goce, huya de mí lo que sigo, viva lo que padeciere, muera siempre lo que vivo, si tu esposo no me vieren, Sancha, los presentes siglos. ¿Quieres más?
Sancha	Que te recojas.
García	Mal podré si me desvío de tus ojos.
Sancha	¿No podrás?
García	En ti mis glorias confirmo.
Sancha	Por allí se va a tu cuarto y por esta puerta al mío.
García	Iré siguiendo tus pasos.
Sancha	Ya te he enseñado el camino; lo demás tú lo verás, si en la ocasión no has temido.
(Vase.)	
García	¡Loco voy, amor! A voces tu hermoso imperio publico. Déjame la vida, pues;

tu despojo es mi juicio.

(Vase tras ella. Salen Laín y Costanza, con una luz, y pónenla en un bufete.)

Laín   ¿Dónde, Costanza, vas con tanta prisa?

Costanza   A poner esta luz sobre un bufete.

Laín   A los bobos con eso, a quien lo ignora;
                    no quiere luz, Costanza, la señora.

Costanza   ¿Qué es lo que dices? Malicioso eres.

Laín   Mejor se hallan sin luz muchas mujeres.

Costanza   Calla agora, Laín, y en este suelo
                    nos sentemos los dos, porque parlando
                    divirtamos la noche.

Laín   ¿Estás burlando?
                    Pues si estas noches todas que han pasado
                    no he asistido, Constanza, yo a tu lado,
                    ¿por qué este suelo enladrillado quieres
                    que agora sea colchón de mi descanso?

Costanza   Tengo miedo, Laín, porque de noche
                    en forma de gigantes y dragones
                    inquietan esta sala mil visiones.

(Quiere levantarse y detiénela Costanza.)

Laín   Mil vi; ¡qué linda cosa, por mi vida!
                    A buen puerto a ser huéspedes llegamos.
                    Llamar quiero a mi dueño; que nos vamos.

Costanza   Repórtate; no el miedo te alborote.

Laín   Tengo gota coral, y si no excuso
estos lances, Costanza, aunque te asombres,
no me podrán tener juntos diez hombres.

Costanza   Aquella luz se muere.

Laín   ¡Ay de mí, triste!

Costanza   Cielos, ¿qué es esto? El alma se aniquila.
Mira que está expirando, despabila.

Laín   Voy; que sin luz la vida se me acaba.
Ya despabilo. Peor está que estaba.

(Mata la luz.)

Costanza   ¿Qué es lo que has hecho?

Laín   ¿No lo ves? La vela
se cansó de ser sola centinela;
desdichas mías son.

Costanza   ¡Linda osadía!
¿Yo a escuras con un hombre?

Laín   ¡Oh, fiera arpía!
¿Engáñasme, y agora melindricos?
Éste es encanto que mi mal señala.
Llena está de gigantes esta sala.
¿Adónde estás, mujer?

(Anda a buscarla.)

Costanza   No has de saberlo.

Laín   Al viento ya te habrás encomendado;
que eres bruja sin duda.

Costanza   Oye, ruin hombre.
Hable más bien, o haréle que se asombre.

Laín   Harto asombrado estoy, y más oyendo
tu voz en tantas partes; aquí hablas,
allí respondes, hacia allá preguntas.
Detén el golpe, mira que me apuntas.

Costanza   ¿Qué apunto yo?

Laín   ¡Qué formidable seña!
Un gigante en la mano ase una peña,
y con amagos fieros de homicida,
me quiere trasladar a la otra vida.
¡Jesús!

Costanza   ¿Qué fue?

Laín   La peña me ha tirado,
y si no huyo el golpe con presteza,
me despoja de sesos la cabeza.

Costanza   Agora bien entiendes mis razones;
mas no cuando te pido me des algo.

Laín   Con eso más de mi paciencia salgo.
¿Qué quieres que te dé porque me saques

	del peligro en que estoy?
Costanza	Lo que tuvieres.
Laín	No tengo, vive Dios, un real tan solo; pero si tu piedad libre me escapa, te daré este sombrero y esta capa.
Costanza	Arroja.
Laín	Veslo ahí.

(Arrójale el sombrero y la capa, y hace Costanza que abre una ventana.)

Costanza	Agora, amigo, abriendo esta ventana, porque Apolo con su luz ilumina ya los campos, conocerás, pues ya decirlo puedo, que el enredo fue mío, y tuyo el miedo.

(Vase.)

Laín	¡Ya es de día, por Dios! Esta picaña me ha engañado, y como no le he dado un tan solo cuatrín, ni darle espero, me ha quitado mi capa y mi sombrero.

(Sale don García.)

García	¡Laín!
Laín	Pues, señor, ¿qué es esto?
García	Felicidades que puso

	el Amor en quien indigno
se constituyó por suyo.
Vamos de aquí. ¡Presto, presto!
Laín	¿Qué dices?
García	Que luego a Burgos
partamos; porque esta tarde
Sancha, que así lo dispuso
con mañosa discreción
también se parte. Lo uno
porque, si en las soledades
tanto tiempo nos ven juntos,
conspirará la malicia
armas contra nuestros gustos;
y también porque se impida
que sepa su hermano Nuño
el hospedaje a quien yo
tantas dichas atribuyo;
que en Burgos, ella en su casa,
yo en la mía, sin que alguno
lo entienda, para gozarnos
es bastante disimulo.
Laín	Aguarda, señor, aguarda.
Luego, ¿jugóse, pregunto,
la pieza más importante:
¿Con el silencio nocturno
rindióse Troya?
García	Rindióse.
Laín	¿En aquesa finca? ¡Oh, punto!
¡Qué dicha!

| García | Con el respeto
que en mi adoración infundo,
Laín, has de hablar de Sancha. |
|---|---|
| Laín | ¿Anduvo el Amor desnudo?
¿Quedó calvo de desdenes?
¿Quedó velloso de gustos?
¿Hubo despojo de enaguas,
desabrigo de coturnos?
¿Examinóse el agrado?
¿Explicóse el venusto?
¿Durmiéronse los temores?
¿Extinguiéronse los sustos?
¿Veneróse el bello encanto?
¿Admiróse el blando bulto?
¿Qué hubo, en fin? |
| García | Eres un necio,
bárbaro, ignorante, rudo,
si imaginas que las dichas
me han de robar el discurso;
en las deidades a quien
la veneración dio culto
lo que se alcanza se debe
presumir que ser no pudo.
Basta que sepas, Laín,
que en el fuego que me cupo
de los incendios que Sancha
de sus dos soles compuso,
donde, batiendo las alas,
llegué a ser vivo trasunto
del ave que en sus aromas
desperdicia sus orgullos, |

	tantos alientos me infunde
que de ellos con mayor triunfo,
a pesar de las cenizas,
renace Fénix segundo.
Laín	Aguarda, mi Rey; dejando
eso de Fénix, ¿qué hubo
en lo que prisión eterna,
en lo de rendirse al yugo?
Di, ¿juraste de marido?
García	Juré, en fin, de serlo suyo.
Laín	Fuego del cielo consuma
a quien tiene tan mal gusto.
¿Qué? ¿Marido te he de ver?
Mas no importa; es de futuro,
y es siempre el jurar de serlo,
para llegar, el consumo
tomar a cambio en las Indias,
y dar libranza en el turco.
García	Esposo he de ser de Sancha.
Laín	¿Quién te dice que no juzgo
que a mí me ha de estar mejor
el maridaje que escucho?
Andallo, eso sí. Habrá fiesta;
que habrá librea no dudo.
Juzgarán los que me vieren,
si juzgarán, que me cubro
de alguna capa y sombrero
según lo que salto y bullo.

García	Ven, partamos; porque es tarde.
Laín	Otro poquito; presumo que estoy sin sombrero y capa.
García	¿Y la tuya?
Laín	Ése es un punto muy delicado.
García	¡Qué flema!
Laín	Vive Dios, que no me burlo.
García	Acaba.
Laín	¿Cómo que acabe? O eres sordo o yo soy mudo. ¿He de ir de esta manera en un rocinante zurdo hecho títere con alma?
García	Cúbrete.
Laín	Tomadle el pulso.

(Sale doña Sancha.)

Sancha	Señor, ¿ya os vais?
García	Tú me has dado orden, mi bien, y licencia.
Sancha	Quisiera fuera obediencia,

        mi señor, mas no cuidado;
        que quien con tal brevedad
        se parte y me deja, siento
        que muestra arrepentimiento
        o arguye infidelidad.

García   Sancha, voy tan abrasado,
        tan ciego, loco y rendido
        que vivo de agradecido
        y muero de enamorado.
        Y aunque así mi vida ignoro,
        con las dichas que merezco,
        no sé si lo que agradezco
        es menos que lo que adoro.
        Fuera de que, si esta tarde,
        mi bien, a Burgos te vas,
        allá más despacio harás
        de mis finezas alarde.

(Llaman.)

Sancha   Aguarda; ¿qué golpes son aquellos?

(Dentro.)

Nuño   ¡Costanza! ¡Andrada!

Sancha   Nuño es quien llama.

(Sale Costanza.)

Costanza   Turbada salgo.

Sancha	¡Terrible ocasión!
Costanza	De turbaciones acorta; busca remedio.
Sancha	Es en vano. ¿Qué es esto?

(Sale Andrada.)

Andrada	Nuño, tu hermano.
Sancha	¡Ay de mí!
García	Tu vida importa.
Laín	Esto a mi suerte atribuyo.
Sancha	¡Qué suceso tan impío! En ese aposento mío que mejor le diré tuyo, te esconde con tu criado.
García	Mirar por tu honor quisiera.
Sancha	Yo cerraré por de fuera.

(Ciérralos Sancha, y vuelve a llamar don Nuño.)

Andrada	Priesa trae de algún cuidado; indicios de su porfía.
Sancha	Y tú, en entrando mi hermano,

| | Andrada, saca a ese llano
los caballos de García
 con cuidado y sin sentirse;
que, cuando en sosiego manso
Nuño se entregue al descanso,
podrá salir y partirse. |
|---|---|
| Andrada | Voy. |
| (Vase.) | |
| Sancha | ¿Quién tal desdicha vio?
Abre aprisa. |
| Costanza | Es excusado,
porque mi señor ha entrado;
que Andrada, pienso, que abrió. |
| (Sale don Nuño.) | |
| Nuño | Cierren las puertas. Ninguna,
Costanza, sin llave quede. |
| Sancha
(Aparte.) | Hermano, señor, ¿qué es esto?
(¡Oh, qué demudado viene!
Un hielo cubre mis venas.)
Era tiempo que vinieses
a ver a tu hermana y ver
esta casa, que parece
al pie de ese verde monte,
que la ciñe y no la ofende,
digno edificio de Alfonso.
Tuya, Nuño, será siempre,
que para eso la heredé |

| | de Iñigo Tello Meneses,
nuestro tío, mas ¡ay triste!
¿Cómo pregunto? ¿No atiendes
a mis razones, hermano? |
|---|---|
| Nuño | El honor, Sancha, que a veces... |
| Sancha (Aparte.) | (Por honor comienza, ¡ay cielos!
Él sabe mi amor y quiere,
después de habérmelo dicho,
vengar su agravio en mi muerte.
¿Dónde iré?) |
| Nuño | Pues, ¿aún no sabes
mi pena, y así te vence
la turbación? Oye, escucha. |
| Sancha | Dilo, acaba, si no quieres
que la dilación me ofenda;
dime presto lo que tienes. |
| Nuño | Una desdicha, que ayer
me obligó, Sancha, a esconderme,
y cuando más con la noche
seguro paso me ofrecen
las sombras, que me permiten
que no las tema y las huelle,
seis leguas, que hay hasta aquí
desde Burgos... |
| Sancha (Aparte.) | (Ya parece
que se desahoga el alma.) |
| Nuño | Corrí en un hijo del Betis; |

porque, aunque en tantos pesares
debida atención me niegues,
o mis desaciertos culpes,
o mi errores condenes,
como noble, me recojas;
como sabia, me aconsejes;
como prudente, me animes,
y como hermana, me alientes...

Sancha   La vida es tuya; prosigue.

Nuño   Ya sabes los accidentes
que en Toledo resultaron,
Sancha hermana, de la muerte
de Raquel.

Sancha   Nadie lo ignora;
pero si al caso presente,
que tú le llamas desdicha,
importa para saberse...
(Aparte.)   (Todo lo escucha García.)
...referirlo, hermano, puedes.

Nuño   En Toledo, imperial solio,
donde undoso el Tajo vierte
cristal, que sus basas lame,
oro, que su pie guarnece,
en cuyo espacio no hay
edificio que no apueste
a duración con el tiempo,
y con el rayo a lo fuerte;
aquí, pues, lo inevitable
del hado infeliz consiente
que a Raquel, bella judía,

su imperio Alfonso rindiese.
Muchos en el Rey culpaban
el injusto error, al verle
rendido a una hebrea quien
rindió tantos moros reyes;
por parecerlos que estaba
tan fuera de sí, que a veces
a los despachos negaba
las horas más competentes.
«¡Muera Raquel!» dicen, cuando
Don Lope de Estrada quiere
evitar resoluciones
con el consejo prudente,
y a mí y a cuantos conmigo
a la ejecución se ofrecen
dijo: «Aunque Alfonso en Castilla,
nuestro Rey, más se divierte
en el cariñoso halago
que en la voz del pretendiente,
su espíritu generoso
cuerdas enmiendas promete;
y así, pues sois de esta causa,
como yo, todos jueces,
no el furor pueda en vosotros
lo que la prudencia puede».
Con gusto escuché a don Lope;
mas los demás, en quien siempre
fue firme el intento, así
le respondieron, rebeldes:
«Para que heroicas hazañas
haga Alfonso, y le venere
la admiración o le admire
noble atención elocuente;
para que, en fin, consigamos

que la posteridad muestre
su imagen en duro bronce
y su nombre en mármol breve,
no es justo disimular
el afecto donde vierten
soberbios montes de fuego,
mares de cenizas breves.»
Y así cuando, ausente Alfonso,
diestro cazador, previene
a ciervos del monte flechas,
y a garzas del viento redes,
de Raquel llegan al lecho
adonde, como otras veces,
su Sol, dormido en su ocaso,
negaba luz a su oriente,
y cuales hambrientos lobos,
que de las dormidas reses,
a pesar del que las guarda,
la sangre intrépidos beben;
así, pues, los conjurados
el pecho hermoso, inocente,
de la descuidada hebrea
rompieron inobedientes.
Volvió el Rey, y cuando el rostro
ver de su dama pretende,
halló pálido cadáver
la blanca animada nieve.
Miró el desmayado bulto,
y en su distancia una fuente
que en humor sangriento rojo
ya deshojando claveles,
los cabellos que le dieron
madejas de oro luciente,
duro plomo derretido,

bañado en sangre, le ofrecen.
Loco y sin vista, a sus labios
le arroja el fiero accidente,
solo por ver si los suyos
algún aliento les deben.
Mas, como no respiraron,
y advirtió que los que albergue
fueron del nácar más puro,
cárdenos lirios embeben,
tanto su sudor le hiela,
tanto su amor le suspende
que le creyeron estatua
los que por Rey le obedecen.
Pero volvió en sí, juzgando
que, aunque el sentir es a veces
entendimiento, el valor
es más ingenio en los reyes.
Pártese a Burgos, por ver
si podrá olvidar, ausente,
lo que en su aliento fue vida,
lo que en su memoria es muerte;
pero la imaginación
tanto daba en ofenderle,
que viendo un día en su cuarto
don Lope al Rey poco alegre
y retirado, me dijo:
«Señor Nuño, no padece
culpas de atrevido quien
a las experiencias cree;
si dejaran vuestros deudos
y vos de mi voz vencerse,
faltaran nubes que agora
este Sol entristeciesen.»
Callé, y una vez que al campo

fuimos los dos, procuréle
quejoso desengañarle,
y cortés satisfacerle.
Díjele, en fin: «Ya sabéis,
señor don Lope, que siempre
son vuestros nobles consejos
en mi obediencias corteses,
y que por ellos el rostro
negué al error, que rebeldes
en Raquel, contra el Rey nuestro,
los castellanos cometen».
«No negasteis. Traidor fuistes»,
replicó el viejo impaciente.
Yo, como a la sangre mía
aquella palabra ofende,
viles infamias la impone,
porque no sé qué se tiene
la traición, que aun los que ignoran
lo que es honor, la aborrecen.
Enmudecido, del rostro
perdido el color, ausente
la razón, ciego el discurso,
sin mí mismo llegué a verme,
armado de nube de iras,
tanto que en espacio breve
los amagos de la vista
los sentí rayos ardientes,
desenvolví las palabras,
respondiéndole que miente.
Y desnudando el acero,
vengar su agravio pretende;
mas como cobra un mentís
el honor que allí se pierde,
procuré con mil perdones

obligarle y detenerle.
Porfió a querer herirme,
y yo, como el defenderme
me toca en fin, y de bríos
sus muchos años carecen,
ya por hado o por desdicha,
ya por destreza o por suerte,
mi punta en su anciano pecho
abrió camino a la muerte...
Quedé...

(Llama a la puerta don García.)

García   ¡Abre, Nuño!

Sancha   ¡Ay de mí!

Nuño   ¿Quién da golpes?

Sancha   Hoy se pierden
mi vida y mi honor, Costanza.
Mira si es gente que viene
siguiendo a Nuño.

Costanza   Ya voy.
(Aparte.)   (¡Oh, lo que el ingenio puede!)

(Vase Costanza.)

Sancha   Sin vida estoy. ¡Qué desdicha!
(Aparte.)   (Quisiera impedir no oyese
García lo que dispongo;
aquí el valor me conviene.)

Nuño   ¿Quién puede ser el que llama?

Sancha   Desde esta pieza que tiene
                una ventana a ese cuarto,
                lo verás conmigo. Vente.

(Tirando de él, lo muda a la otra parte del tablado.)

Nuño   Aparta, veré quién es.

Sancha   Aguarda, hermano, detente;
                no te arrojes al peligro.

Nuño   ¿Quién puede ser?

(Sale Costanza.)

Costanza   Mucha gente,
                que indignada solicita
                o tu prisión o tu muerte;
                y como cerrar mandaste
                las puertas, es evidente
                que una espaciosa ventana,
                señor, que esa pieza tiene,
                no muy alta, les ha dado
                lugar para que subiesen.

(Vuelve a llamar don García.)

García   Abre o romperé la puerta.

Nuño   Esta espada ha de valerme.

Sancha   Mejor remedio a tu vida,

39

                        tu hermana Sancha previene;
                        sal por una puerta falsa,
                        que mira a ese monte, y vete.
                        Sube en tu caballo apriesa,
                        y por las sendas más breves
                        te vuelve a Burgos, pensando
                        que, pues te juzgan ausente,
                        nadie en él te buscará;
                        que de mi seguro puedes
                        partir, pues sabré seguirte
                        y aun del riesgo defenderte.
                        ¡Ea, vuela! Ese Pegaso
                        anima tan velozmente,
                        que sus batidos ijares
                        tu diligencia confiesen.

Nuño   Bien has dicho. Dios te guarde.

(Vase.)

Costanza   Buena fue la industria.

Sancha   ¿Fuése?

Costanza   Mirarélo.

(Vase. Habla don García dentro.)

García   ¡Ah, Nuño infame!
                        No tu vil traición recuerde
                        miedos en ti, que me impidan
                        vengar a la manchada nieve
                        de las canas de mi padre.
                        ¡Abre, traidor! ¡Abre aleve,

o haré las puertas pedazos!

(Abre doña Sancha. Salen don García y Laín.)

Sancha   Ya está abierto. ¿Qué pretendes?

García   ¿Dónde está Nuño?

Sancha   A Burgos
se partió. Si no lo crees,
por tuya tienes la casa.

García   ¿Que esto tus engaños pueden?
Temió mi valor tu hermano.

Sancha   Quien nació Castro no teme.

García   Saca los caballos presto;
que he de seguirle.

Laín   Conviene
el seguirle; mas repara...

García   Acaba.

Laín   Ya te obedece;
el ir sin capa y sombrero
es lo que más me entristece.

(Vase.)

García   Vengaré, viven los cielos,
mi agravio.

Sancha   ¿Que así me deje
quien a ser de mi albedrío
fiero robador se atreve?
¿Que así las glorias de amante,
ingrato bárbaro niegue
y acciones tan vengativas
contra mi sangre recuerde?
¿Qué es esto, Garci Velázquez?
¿Qué es esto? ¿Agora previenes
falsedades que te infamen,
desprecios que me atormenten,
descréditos que te culpen,
libertades que me afrenten?
¿Éste es el bien que gozaste,
las finezas que me debes,
las dichas que mereciste,
los favores que posees?
Vuelve, esposo; no permitas,
señor, que mis gozos breves
justa desesperación
los ultraje y los desprecie.
Mira...

García   Sancha, no son buenas
esas lágrimas que viertes
para quien ve que a su padre
violenta mano le hiere.
Para un hijo, que ayer vio
sus canas pompa de nieve,
y hoy de un sepulcro de mármol
cenizas las juzga leves,
la obligación que me corre
nadie la conoce y siente
mejor que yo mismo, Sancha.

                Yo sé lo que me conviene;
no ignoro lo que te debo;
no niego lo que mereces;
no desmayo en la palabra;
no huyo lo que pretendes;
pero aquí mi muerto padre
me dice a voces que quiere
que helado bulto le estime,
que cadáver le venere,
que ruina le obedezca,
que polvo le reverencie,
que a la venganza me anime,
que la aclame, que la aceche,
que la investigue animoso,
que la ejecute valiente.
Y así, tus voces en mí
será imposible que esfuercen
lástima que las escuche
o piedad que las despeñe.
Los cielos, Sancha, te guarden;
queda a Dios, que no consiente
más dilación un agravio
ni más tardanza una muerte.

Sancha   ¡Aguarda! ¡Espera! ¡No huyas!
¡Oye, escucha, mira, advierte!
¡A pesar de mis desdichas!
¡Que estos rigores ordene
Fortuna! Buena quedo.
Mi robada honra padece.
El ladrón huye tirano;
Mi hermano la culpa tiene.
García quiere vengarse.
Ya temo que he de perderle.

Pues, acabadme, pesares;
acabadme porque quede,
si estrago de los que soy,
lástima de lo que fuere.

Fin de la primera jornada

Jornada segunda

(Salen el Justicia y muchos CriadoS, acuchillando a don Nuño, y él retirándose, y el Justicia no saca la espada.)

Nuño
    Yo no he de darme a prisión,
    don Pedro, aunque me matéis;
    porque es más segura cosa
    el no dejarme prender.

Justicia
    Don Nuño, que os he avisado
    que estos lances excuséis,
    no lo ignoráis, y que siempre
    vuestro amigo he sido fiel;
    mas si vos, poco advertido,
    delante de mí os ponéis,
    no puedo excusar, don Nuño,
    las órdenes de mi Rey.

Nuño
    ¿Qué orden os ha dado Alfonso?

Justicia
    Que os mate o prenda.

Nuño
            Es cruel.
    ¿Así se mata en Castilla
    un Castro?

Justicia
        Podrálo hacer
    quien, como yo, nació Lara,
    si no se deja prender.

Nuño
    Señor Justicia Mayor,
    si de ese modo ha de ser,
    de éste pretendo librarme.

Justicia ¡Muera! ¡Prendedle!

Nuño No haréis;
porque son rayos de acero
cuantos movimientos veis.

(Métele a cuchilladas. Sale doña Elvira.)

Elvira Voces en la calle siento,
y aun parece que tropel
de gente acuchilla un hombre,
y que él, animoso, a hacer
llega desprecio de todos.
¿Quién será? Que conocer
no le puedo, porque yo
de tan poca edad a ser
del convento de la Huelgas
tierno depósito entré,
que a nadie apenas conozco.
Mucho le aprietan; mas él
huye el riesgo, y prevenido
socorro pide a los pies,
por habérsele quebrado
la espada. ¡Ay, desdicha infiel!
Temí no fuera mi hermano;
que, como por la cruel
mano de un fiero alevoso
murió mi padre, el que fue,
si hoy sombra en bóvedas triste,
rayo en la campaña ayer.
Pienso que a mi hermano llegan
a herirle el pecho también;
que quien nació como yo,

seguir con violencia ve
a la voz de la corneja
lo funesto del ciprés.

(Sale don Nuño, alborotado, sin espada.)

Nuño   ¡Señora!

Elvira   ¡Ay de mí!

Nuño   Escuchad.

Elvira   ¿Cómo?

Nuño   El temor suspended;
porque el justicia mayor
con rigor y con poder
me obliga a que me retire
de una rigurosa ley,
y en mi seguimiento viene
porque orden tiene, del Rey,
firmada, para llevarme
preso al castillo de Uclés.
Vióme agora y lo intentó.
Yo, viendo el peligro infiel,
defensa a la espada pido,
y faltóme como veis.
Quise ampararme en la casa
que yo primero encontré,
(Aparte.)   (Mas si no me engaño, aquí
vive don Diego Porcel.
Su esposa es ésta sin duda.
Mejor la hablaré después.)
Ya sé, señora, quién sois,

| | y quien vuestro dueño es.
Noble nací, no con dicha.
Halle en vos consuelo fiel.
Así vuestro hermoso rostro,
que admirado el mundo ve,
del agosto de los años
viva triunfando el clavel. |

| Elvira | Ya iguala vuestro cuidado
al mío; piedad cortés
será hacer que os tenga oculto
el aposento que veis.
Palabra os doy de ampararos.
Bien podéis entrar en él.
Acabad. |

| Nuño | Vos me dais vida. |

(Éntrase.)

| Elvira | Atenta guarda seré,
si no bastante defensa,
hasta que lo venga a ser
mi hermano, y llevarle pueda
donde más seguro esté. |

(Sale don García.)

| García | ¿Sola, hermana, y divertida,
sin dar al tiempo atención?
Mas si es imaginación
de aquella sangre vertida
de nuestro padre, es debida
la tristeza al accidente, |

	el callar al mal presente;

    el callar al mal presente;
    porque siempre alivio halla
    la desdicha que se calla
    en el dolor que se siente.

Elvira   Deja, señor, un momento,
    si es que yo puedo entre tanto
    dejar mi forzoso llanto,
    tu debido sentimiento;
    que agora el rigor violento
    de la justicia huyó
    un caballero, y se entró
    a pedir sagrado aquí;
    halle, hermano, amparo en ti,
    pues en mí piedad halló.
       En esa sala que ves
    se esconde; llamarle quiero.

García   ¡Justa acción!

Elvira   ¡Ah, caballero!
    Salid afuera.

(Sale don Nuño.)

Nuño   Después
    que obligado... ¡Ay de mí!

García   ¿Es
    sueño o verdad lo que miro.
    Verdad es pero la admiro
    y crédito no la doy.

Nuño   ¡Oh, qué infelice que soy!

	Pues cuando a sagrado aspiro,

          Pues cuando a sagrado aspiro,
            y es forzoso que presuma
          que le hallo en un amigo,
          me conduce a mi enemigo
          el hado fatal en suma.

García   Huyendo montes de espuma,
          solicita peregrina,
          puerto la nave, y vecina
          al abrigo que procura.
          Se ve, cuando más segura,
          ser de un huracán ruina.
            Así tú, que a lo inhumano
          de una prisión te negaste,
          cuando sin ella te hallaste,
          miras tu muerte en mi mano.
          Destrozo sangriento vano
          serás hoy de mi cuchilla,
          y pues eres navecilla,
          que abrigo al puerto le debe,
          seré huracán que le lleve
          a ser estrago en la orilla.

Elvira   ¿Qué este es Nuño?

García   El que atrevido
          nuestra sangre derramó.

Elvira   Pues, ¿cómo de mí fio
          la vida que he defendido?
          Mas si tan atento ha sido,
          noblemente confiado
          consulta a lo que obligado
          vive en tu sangre el valor.

García	A matarle.
Elvira	No es error
la venganza en tu cuidado
ni que muerte a Nuño des;
mas si cuando de su pecho
la confianza que ha hecho
acerado escudo es.
Reserva el castigo pues
para mejor ocasión;
que agora, en la prevención
de cualquier sangriento estrago
será más culpa el amago
que después la ejecución.
Lo ingrato que en ti acredito
es voz de esa confianza,
porque deja tu venganza
muchas señas de delito,
ventajas mil te permito
para borrar tu inquietud.
Obra con solicitud,
porque la ofensa que ultraja,
se ha de vengar con ventaja,
mas no con ingratitud.
García (Aparte.)	(¡Oh, cuánto mi agravio siento!
¡Oh, qué dudoso me hallo!
Si escucho a mi hermana, callo;
si miro a Nuño, me aliento.
¿Qué haré si al golpe violento
se arroja ciego el sentido?
Templarme en lo prevenido,
porque es más noble cuidado

estimar lo confiado
que castigar lo atrevido.
  Y aunque con justo ardimiento
solicito la venganzas,
pone en mí la confianza
leyes de agradecimiento.)
¿Qué te hizo el flaco aliento
de un anciano, en que se vía
la espada, cuando reñía
para impedir el suceso
que más a su mismo peso
que a la mano obedecía?
  De un caduco sin vigor
de quien, aunque en mármol yace,
de sus cenizas renace
a despertar mi dolor,
¿qué hazaña fue, qué valor,
matar con ciega osadía
a quien cuando más fingía
esfuerzo que le alentaba,
de puro viejo, dejaba
de vivir lo que vivía?
  Agora entre sombras nombra,
aunque cadáver las mide,
tu ciego error, y despide
una voz en cada sombra.
A mí me anima, no asombra.
Mira cual es lo inhumano
de tu acción, pues ya gusano
por la boca de la herida
culpa su voz despedida
la violencia de tu mano.

Nuño Castigo de un noble pecho,

que casi llega a informarle
es el correrse y pesarle
de aquello mismo que ha hecho;
y así, remite el despecho
con que ver quieres vengado
a tu padre, bulto helado;
que a mí, al pesar remitido
lo que tengo de corrido
me sobra de castigado.
 Y tan falto de razones
me deja tu proceder,
que callo por no poder
igualarte en las acciones;
y tantas obligaciones
hoy en mi afecto declaras
que si a ti, pues lo reparas,
confiado te he vencido.
Yo, de puro agradecido,
quisiera que me mataras,
 y a vos, señora, que daros
mil gracias quisiera, veo
que solo puede el deseo
con el silencio alabaros,
no imperio para borraros
tenga el tiempo esa beldad.
Halle en la posteridad
culto elevado y asombre
en mármoles vuestro nombre,
y en ecos vuestra piedad.

(Hace que se va.)

Elvira   ¿Fuése?

García	Mal seguro va.
	Señor, don Nuño, advertid.
Nuño	¿Qué es lo que mandáis?
García	Oíd.
Nuño	El gusto obediencia os da.
García	Mejor vuestra mano está
	de una espada acompañada;
	porque si alguno lograda
	vuestra prisión quiere ver,
	mal os podréis defender
	si os falta, Nuño, la espada.
	Tomad ésta; que interés
	me corre en que la admitáis,
	pues quiero que os defendáis
	para mataros después.
	Yo os la doy, aunque no es
	sin riesgo, pues si os la dejo
	y advertido os aconsejo
	que evitéis algún destrozo,
	aunque me veis que soy mozo,
	me mataréis como a viejo.
Nuño	A esta liberalidad
	siempre he de vivir atento;
	tanto, que mi rendimiento
	se halle en mi voluntad.
	Huella en la presente edad
	las más altivas cervices,
	pero en acciones felices,
	con que tanto satisfaces,

                        si obligas con lo que haces,
                        no ofendas con lo que dices.

(Vase.)

García   ¡Válgame Dios!

Elvira   ¿Qué te ofende?
                        Igual a tu sentimiento
                        es el mío. A tus cuidados,
                        los que mortales padezco,
                        busca agora tu venganza.

García   ¿Permítesme que del riesgo
                        deje ausentar al contrario,
                        y agora me alientas? Veo
                        que es necia tanta piedad
                        donde el agravio no es menos.

Elvira   La que ha tenido bastante
                        materia es para que el tiempo
                        la guarde en labrados jaspes;
                        no te pese del afecto
                        piadoso, porque pisar
                        el blando humillado cuello,
                        herir a la confianza,
                        ultrajar el rendimiento,
                        no diera honor a la herida,
                        sino vil infamia al hecho.
                        Y no te valgas agora
                        de decir que mis consejos
                        son los que a tu brazo el golpe
                        de la venganza impidieron;
                        que los ánimos heroicos

	libran con bastante acuerdo
	la ejecución a la mano,
	y a la prudencia el acierto.
	De ésta te has valido agora,
	para lo demás esfuerzo
	te dio tu sangre; investiga,
	busca ocasiones, atento,
	en que a la tormenta suya
	concedas seguro puerto.
	Y si te faltaren manos
	y ánimo con que el deseo
	logres, yo, que hija soy
	de aquél que, en polvo deshecho,
	llanto debe a tu memoria,
	te daré para el efecto
	un ánimo en cada voz
	y una mano en cada aliento.
(Vase. Sale Laín.)	
Laín	Pensativo estaba el Cid...
	Y no más, aquí me quedo;
	porque mi amo lo está en Burgos,
	y el Cid lo estaba en San Pedro.
García	¡Laín!
Laín	¿Señor?
García	Tu lealtad,
	tu diligencia y secreto
	hoy mi venganza aseguran.
Laín	No el secreto será menos

	que la lealtad con que vivo.
García	La vida te va en tenerlo.
Laín	Al caso vamos, ¡por Cristo!
García	Di. ¿Qué forma o qué remedio tendré, Laín, para dar muerte a mi enemigo fiero?
Laín	Eso ha menester espacio.
García	¿Qué espacio?
Laín	Pues, ¿mucho es? ¿Menos es parecer de un letrado, y mira catorce textos, que dar la muerte a un cristiano?
García	¡Ay, de mí! Buen consejero hallo en mis locas desdichas. Vete, por Dios.
Laín	¿Es buñuelo? Déjemelo usted pensar que yo lo diré bien presto; mas ya voy cerca sin duda. Ve aquí el modo, yo le tengo. Yo me he de fingir al punto un embajador, que vengo de Suecia. Tú has de ser mi porta-brazos, y luego después que al Rey mi embajada se la haya dado en secreto,

	iré a visitar las damas;
	y cuando a mirar el bello
	rostro yo llegue, de Sancha,
	y los dos solos estemos.
	A Nuño irás, que aguardando
	estará para el efecto,
	y con tu daga, animoso,
	romperás su duro pecho.
	Y si Sancha se turbare,
	diré: «Dama, deteneos;
	que esto que miráis es cosa
	que allá usamos los suecos,
	y más los grandes señores;
	porque siempre nos comemos
	un caballero en gigote».

García   No hay insufrible tormento,
         en los que más siente un alma,
         como el de escuchar a un necio.
         Vete, por Dios, no me mates;
         vete y déjame.

Laín   No puedo;
         hasta aquí burlas han sido.
         Pero ya que el sentimiento
         con que ves se traslada
         a ser dolor en mi pecho,
         ¡vive Dios, que has de vengarte!

García   ¿Hablas de veras?

Laín   ¿Dirélo?
         Sí; que le importa a mi amo.
         Mas, ¡no! Que el castigo temo.

	Jura que no has de enojarte.
García	¿Qué juro? Pues tú, ¿qué has hecho?
Laín	En fin, tú me has de jurar que podré decir sin riesgo de tu enojo y de mi vida una cosa. En el remedio de tu venganza consiste.
García	Si eso ha de ser, yo te ofrezco mi palabra por quien soy. Así mi brazo y mi acero felices logren la herida que solicitan atentos para que por ella Nuño vierta el suspiro postrero. No he de enojarme.
Laín	Pues, digo que soy de Costanza dueño.
García	¿Qué dices?
Laín	Que si te enojas, romperás el juramento y cesará la maraña.
García	Admiro tu atrevimiento; pues, ¿qué dicha se me sigue a mí de tu amor?
Laín	Si entro de noche a ver a Costanza,

	si hasta su cámara llego,
	si las llaves de la puerta
	ella guarda en su aposento,
	¿qué más dicha ha de seguirte?
	Entiéndeme, pues te entiendo;
	¿qué quieres? Tu criado soy.
	Lealtad guardo, valor tengo.
García	Pues di, ¿cómo a entrar te atrevas
	en casa de Nuño?
Laín	¡Eso!
	¡Con mucha facilidad!
García	Mal me resisto. ¿Y el riesgo?
Laín	No me ha sucedido mal.
García	¿Si te ve Nuño?
Laín	Eso temo.
García	¿Sancha?
Laín	Ésa, ¡sí me ha visto!
García	¿Qué dice Sancha?
Laín	Es un cielo;
	siente y llora tu mudanza.
García	¡Ah, Sancha! ¡Cuánto en mi pecho
	para no acabarme, vive
	desatado el sufrimiento!

	¡A lo que tu amor me llama,
	a lo que tu hermano ha hecho!
	Ojalá antes que en tus brazos
	me viera, y que hallara en ellos
	primer aliento a mi vida,
	segunda vida a mi aliento,
	que en las reñidas batallas
	de los moriscos encuentros
	corvo alfanje hiciera entonces
	que de mis hombros el cuello
	bajara a pedir sepulcro
	a la campaña sangriento.
Laín	[¡Ya], qué triste estás! Anímate.
García	¡Ah, Laín, qué poco esfuerzo vive en mí para esta empresa cuando de Sancha me acuerdo! Mas dime, ¿cómo dispones mi justa venganza?
Laín	Pienso que habrá impedimento poco; mas deja que a disponerlo la solicitud mañosa llegue de mi tosco ingenio; que, cuando en oscura noche de los sentidos el sueño mas apoderado viva, sin duda te verás dentro de casa de tu enemigo.
García	¿Qué escucho, piadosos cielos? Laín, si por ti mi brazo

	consigue este heroico hecho,
	cuanto valgo, cuanto fuere,
	cuanto espíritu poseo,
	y cuantas vidas me infunda
	el ver cadáver el cuerpo
	de mi enemigo, que en mí
	serán gloriosos trofeos,
	verás que, a ti agradecido
	por víctimas las ofrezco.

Laín   ¿Soy yo deidad?

García   Eres ángel,
y serás de hoy más un cielo.
Dame esos brazos.

Laín   ¡Por Dios,
que te apartes; que te temo!

García   ¿Eso dices? Si me guías
a conseguir mis deseos,
todo mi caudal es tuyo,
como a mi vida te quiero.

Laín   ¡Jesús, Jesús! ¿Quién tal dice?
¡Que me abraso, que me quemo!
Si te acuerdas de Virgilio,
cuando en églogas diciendo:
«Formosum Pastor» estaba,
mira que un lacayo feo
soy, con alba y sin narices,
barbado a lo nazareno,
con el color de mortaja,
y tan redondo de cuerpo

	que soy pipote con alma.
García	¡Oh, qué gustoso me aliento!
	Ánimo, Garci-Velázquez,
	pues lleváis para este empeño
	un rayo en la blanca espada,
	un agravio en el esfuerzo,
	un dolor vivo en el alma
	y un muerto padre en el pecho.

(Vase.)

Laín	Ánimo, Laín, que ya
	cobra su juicio entero
	don García, y aunque os visteis
	en peligro no pequeño,
	sois Laín, y habéis de hacer
	como quien viene de buenos.

(Vase. Salen Costanza y doña Sancha, alborotadas.)

Costanza	¡Señora, señora!
Sancha	¡Ay, triste!
	¿Qué tienes?
Costanza	Con grande priesa
	Andrada en casa entró agora,
	y dijo que una pendencia
	mi señor había tenido
	con el justicia, y que de ella
	resultó encontrarse luego
	dentro de su casa mesma,
	con don García, y que juntos,

	según él se teme, es fuerza que se hayan dado la muerte.
Sancha	¿Hay más tormentos? ¡Que tenga tanto sufrimiento el alma! Que al imperio no se venza de la desdicha, y se humille tristemente a su inclemencia! ¿Para qué quiero la vida?

(Sale don Nuño.)

Nuño	Costanza, solos nos deja, y entra una luz.
Sancha	¡Ya no siento caliente sangre en las venas!
Costanza	La luz tienes aquí.
Sancha	Vete.
Costanza	Voyme; en la calle me espera Laín. Al punto que le deje en mi aposento, las puertas cerraré como otra veces.

(Vase.)

Sancha (Aparte.)	(¡Ay, de mí! Sin duda queda muerto mi esposo; que el rostro, la turbación, la tristeza con que Nuño entra en su casa, me ofrecen bastantes señas.)

	¡Muerta soy!
Nuño	¿Qué tienes, Sancha?
	¿Qué causa te desalienta?
Sancha	Dijéronme que tuviste
	la vida agora tan cerca
	de la muerte, que de solo
	verte a mi ojos, es fuerza
	que me mate la alegría.
	Como a otros matan las penas;
	mas ¿cómo vienes tan triste?
Nuño	No sé qué te diga.
Sancha	Cierta
	es la desdicha que temo;
	no lo niegues, pues.
Nuño	Quisiera...
Sancha	¿Quitaste la vida —¡ay cielos!—
	a García?
Nuño	Bueno queda.
Sancha	Acaba, pues, de arrojar
	esa voz; que me atormenta
	aún pensar la dilación,
	Nuño, que has tenido en ella.
(Aparte.)	(Eso sí, pase el tormento.
	Huíd del alma, tristezas.
	Buscad albergue, pesares.
	Gustos, contentos, no hay fuerza

	de los pasados enojos
que vuestro poder no venzan.
Loca estoy. ¡Mi amante vive!)
Nuño	Pues, ¿cómo tan descompuesta
te tiene ese nuevo gozo?
Sancha	Hermano, porque si hubieras
muerto al hijo, como al padre,
sobraran con inclemencia
para nosotros palabras
injuriosas en las lenguas,
rencor en los corazones,
y faltara quien nos diera
descanso a nuestro cuidado
y a nuestras voces orejas.
¿Bueno está? ¿Vive García?
Nuño	Hice, hermana, resistencia
al justicia mayor, que anda
con orden del Rey expresa
para prenderme; me ha dicho
que en mi casa me esté, y sea
de manera que me niegue
a sus ojos, porque es fuerza,
si llega a verme, que el orden
que el Rey le ha dado obedezca.
En fin, hermana, faltóme
la cuchilla en la pendencia,
entré a esconderme en la casa
sin que ninguno me viera,
de Diego Porcel, y viendo
una hermosa dama en ella,
y entendiendo ser su esposa,

le pedí favor, y atenta
a su sangre, me le ofrece.
Juzgó entonces ella mesma
que yo la había conocido;
porque has de saber que esta
dama que digo es la hermana
de García, que en las Huelgas,
convento que edificó
nuestro Alfonso con grandeza,
ha vivido, porque en él
entró desde edad muy tierna;
y a esta casa, que don Diego,
por retirarse a su aldea,
dejó, se mudó García
con su hermana, por la pena
de vivir la que la sangre
de su muerto padre riega.
En fin, no me conoció.
Escondióme, cuando entra
Garci-Velázquez de Estrada,
y queriendo con violencia
ejecutar su venganza,
detuvo el golpe ella mesma,
dándole a entender, hermana,
que, pues yo con diligencia
de las manos del justicia
me acogí a las suyas, era
descrédito de su sangre
faltarme sagrado en ellas.
Redújose mi enemigo
y no solo su nobleza
para salir de su casa
libres me dejó las puertas,
mas para venir me dio

| | en esta espada defensa.
| | Mira si es justo el afecto
| | de mi penosa tristeza,
| | pues maté al padre de quien
| | hoy con acciones tan nuevas
| | y tan heroicas me obliga
| | a que mi error encarezca,
| | a que su agravio y mi culpa
| | arrepentido lo sienta.

Sancha   ¿Y en qué quedaste con él?

Nuño   En que agora con más fuerza
          con más cuidado, con más
          solícita diligencia
          dice que me ha de buscar.

Sancha   Dime, por tu vida, ¿que ella
          fue quien te libró del riesgo?

Nuño   Fue mi amparo, y quien discreta
          quiso que igualase entonces
          su piedad a su belleza,
          a Elvira debo la vida.

Sancha   Bien está, no te entristezcas;
          que para consuelo tuyo
          lo que he escuchado me alienta;
          ya es hora de recogerte.

Nuño   Lo mismo hacer puedes.

Sancha   Entra.

Nuño   ¡Ay, don Lope, quien al mundo
        volverte vivo pudiera!

(Vase.)

Sancha García suspende el golpe
        cuando halla en su casa mesma
        a Nuño, pero su enojo
        ni le olvida y le deja.
        Y doña Elvira, ésta fue
        más prudente y más discreta,
        más cuerda en lo ejecutivo,
        más piadosa en la defensa;
        pues ella escucha mis voces;
        que quien supo a la clemencia
        dar lugar en la venganza,
        ofrecerá más atenta
        noble remedio a mi agravio
        o dulce alivio a mi queja.

(Vase. Sale don García.)

García   Cual en la noche oscura
        tras de la oveja tímida se arroja
        lobo cruel, que hambriento la despoja
        de la vida, así yo buscando vengo
        a Nuño, mi enemigo.
        Tomo esta luz por ver si en lo que sigo
        me lleva su esplendor sin embarazo.

(Toma la luz, y al entrar, sale doña Sancha.)

Sancha Dejo a mi hermano... ¡Ay, triste!

García	¿Qué te asombra?
Sancha	¿Eres vana ilusión? ¿Quién eres, sombra?
García	Sombra de lo que fui.
Sancha	¡Qué falso engaño!

Yo sí que soy la sombra. ¿Quieres verlo?
Pues mira, si es que puedo merecerlo,
en tu inconstancia mi infeliz empleo,
en tu injusta mudanza mi deseo,
en tus locos desprecios mis temores,
en tus falsas promesas mis errores,
sin que en tanta ruina
a mis ojos vecina
una esperanza vea,
ni aliento alguno crea,
sin solo tormentos,
engaños, impaciencias,
deshonores, violencias,
penas, infama, llanto.
Y así verás, saliendo de este encanto,
que yo, afligida, triste, cuidadosa,
sin honor, impaciente, temerosa,
sin vista, sin aliento, desdeñada,
llego a ser, viendo tu tirano olvido,
sombra de lo que soy y lo que he sido.

García

Un aliento, una vida, un alma hallo,
que en ti mi voz inspira,
y, aunque mi amor por ofendido callo,
no en mi memoria el bien gozado expira,
pues al favor de mi pasada gloria,
yo, Sancha, he de ser tuyo; soberano

                        dueño mío serás, pero primero
                        he de tomar venganza de tu hermano.

(Va a entrarse y detiénele doña Sancha.)

Sancha   ¿Cómo? ¿Qué dices? ¡Oh, qué trance fiero!
                        ¡Señor, mi bien, espera!
                        ¡Qué turbación! ¿Resolución tan fiera
                        cuando me ves aquí, sigues furioso?
                        ¿Eres tú quien dichoso,
                        quien rendido en mis brazos,
                        formó con tierno afecto dulces lazos,
                        quien la azucena cándida fragante
                        al jardín de mi honor robó triunfante,
                        donde, bellezas dilatando, era
                        adorno casto de su misma esfera?
                        García, esposo, mira
                        cuán poco el alma en mi temor respira.
                        Límites pon al vengativo intento,
                        verás mi rendimiento,
                        que si antes amoroso
                        trofeo de tu ruego fue glorioso,
                        hoy en desdichas tantas
                        será despojo humilde de tus plantas.

García (Aparte.)   (¡Oh, qué desdicha! ¡Qué infelice suerte
                        es la mía! Pues cuando
                        con ánimo más fuerte
                        riesgos mayores vengo atropellando,
                        y a la venganza aspiro,
                        me suspenden las lágrimas que miro.
                        No son lágrimas, no, ni pueden serlo.
                        Júzguenlo cuantos merecieren verlo.
                        Líquidas perlas son, que la corriente

        dichosa anima de una y otra fuente,
        que en sus ojos formó naturaleza,
        naciendo de aquel risco de belleza.
        ¡Oh, qué beldad! ¡Qué luz! ¡Qué hermosa estrella!
        ¿Qué cielo soberano!
        ¡Mal rayo abrase la violenta mano
        de Nuño, pues por ella,
        por su sangriento y bárbara destrozo
        glorias que gozar puedo no las gozo.)

Sancha   Mi señor, ¿qué respondes a mi ruego?

García   Que soy de nieve y que me abraso en fuego
        y a tu llanto quisiera,
        aunque me ves de bronce, ser de cera.
        Perdona, Sancha hermosa.
        No impidas mi osadía;
        que Nuño ha de morir.

(Va a entrarse, y detiénele enojada, poniéndose a la puerta.)

Sancha   ¡Qué villano!
        ¡Qué acción tan afrentosa!
        Justamente se infama
        quien no es cortés al ruego de una dama.
        ¿No permitió de Elvira la advertencia
        impulsos en tu casa a la violencia
        y, en la mía, resistes mi porfía?
        ¿Cuándo la sangre, dime, ha merecido
        más que las voces de un amor rendido?
        Pues, don García, advierte
        que de mi hermano no has de ver la muerte.
        Y si con el rigor que en ti conoces
        grosero porfiares, daré voces.

	Criados hay en casa.
	Cerca tengo parientes.
	Mas yo, que basto sola, y que no escasa
	en ánimo he nacido, con los dientes,
	con la furia que ves en mis enojos,
	con el fuego que sale de mis ojos,
	y a fenecer mi vida se adelanta,
	dividiré en pedazos tu garganta.
	Entra, acaba, ¿qué aguardas?
	¿Qué esperas? ¿Qué te tardas?
	A mis brazos te entrega;
	que si la muerte buscas de mi hermano,
	has de pasar por ellos,
	y puede ser, si con violencia llega
	mis brazos a vencellos
	en bárbara porfía,
	que sean los tuyos sepultura mía.
García (Aparte.)	(Sin duda que me enseña
	a ser de su materia alguna peña,
	o alguna fiera horrible.
	Su espantosa crueldad en mí atesora,
	pues no me vence Sancha cuando llora,
	poca alabanza a mi piedad procuro.
	El jaspe, el bronce duro
	al buril obedecen,
	¿y yo que en mi nobleza resplandecen
	los hechos que heredé de mis mayores,
	he de poner a lágrimas rigores,
	a lágrimas de quien por si merezco?)
	Déjame, Sancha, ir. Yo te obedezco.
	Ni seguiré a tu hermano,
	ni a la venganza animaré la mano,
	ni a ti quiero escucharte,

| | ni verte ni hablarte,
| | ni a mí tampoco verme,
| | ni vivir ni alentarme ni entenderme,
| | sino desesperado,
| | sin juicio, sin alma, desdichado
| | pedir al horizonte
| | o el más altivo y empinado monte
| | albergue me dé oculto
| | donde a pálido bulto
| | la vida se traslade sin aliento,
| | donde, siendo de fieras alimento,
| | ni aún queden señas pocas
| | de quien con ansias locas
| | de la justa venganza se ha olvidado
| | que pide un padre en un sepulcro helado
| | y en mortales enojos
| | ha obedecido al llanto de tus ojos.

(Vase.)

Sancha   ¡Aguarda, escucha, tente!
              ¡Qué furioso que parte!
              Pero no importa ya, si a ver presente
              una esperanza llego
              que partirse obligado de mi ruego.
              Mas, ¡ay de mí!, que temo el ausentarse.
              Pues, ¿No bastaba —¡ay cielos!—
              mi esposo retirarse
              de mi amor, de mi voz, de mis desvelos?
              ¿Tanto tiempo, tirano,
              procurando al muerte de mi hermano;
              sino agora, que veo
              casi ya conseguido mi deseo,
              decirme que me deja,

que sin alma se aleja,
solo por no ofenderme;
que ya no quiere verme,
que huye de mis ojos,
que muere en sus enojos,
que a va desesperarse,
que a la gruta de un monte ha de entregarse,
que vive sin aliento,
que de las fieras ha de ser sustento?
Y, ¿que esto escuche cuando más rendida?
¡O acaben ya los cielos con mi vida
o fálteme en el mal que en mi se emplea,
tierra que pise, claridad que vea!

Fin de la segunda jornada

Jornada tercera

(Sale Laín, huyendo de don García, que le sigue con la daga desnuda.)

Laín   ¡Jesús!

García   No te han de valer
las voces.

Laín   Si me alboroto
de ver desnuda una daga,
¿qué te espantas?

García   No hay estorbo
para que tu fin no llegue.

Laín   Voces doy.

García   Más me provoco.

Laín   ¡Que me matan sin mi gusto!

García   ¡Ah, traidor!

Laín   Oyeme cómo
fue lo que causa tu ira.

García   ¿Qué he de hacer, si veo que solo
me hallé en casa de don Nuño?

Laín   Repito el suceso todo:
Costanza me abrió la puerta,
subí arriba, los pies pongo
en su aposento; ella dijo

como otras veces: «Forzoso
es desnudar a mis amos;
ya vuelvo, aguárdame un poco».
Yo, que me vi centinela
de aquella torre, me asomo
para ver si alguno había
que me sirviese de estorbo.
Bajo la escalera, llego
a la puerta, reconozco
que no hay un alma; y así,
quité con tiento el cerrojo,
entraste arriba, subimos,
y dijísteme animoso:
«Laín, vigilante guarda
del puesto que ves te nombro;
si alguno a impedir subiere
el hecho a mi mano heroico,
pon de tu acero a su espalda
la punta y al pecho el pomo.»
Y apenas mi puesto guardo,
cuando ciertos pasos oigo,
que, desmintiendo las selvas
me parecieron de corcho.
Dije: «Ésta es dueña. ¿Qué haré?
Si me ve, perdidos somos».
Y así, porque no me viese,
ni yo descubrir tampoco
en su tumba una mortaja,
ni un «ab initio» en su rostro,
o por si era dueña enana,
dueña en vísperas de hongo,
cementerio de poquito,
y «requiem aeternan» romo,
me retiré, y cuando pienso

que seguro me arrincono,
caí por un agujero
o infierno, tan frío y hondo,
que si llamas no brotaba,
respiraba helados soplos.
Su altura eran dos estados,
mejor lo dirán los lomos
y el sentido, pues del golpe,
quedé sin uno y sin otro.
Busco la puerta, y en vez
de hallarla, un clavo topo,
que, sin jugar a la polla,
les dio a mis narices bolo.
Voy tentando las paredes,
y la mano en parte toco,
que ni sé si fue culebra,
si lagarto y si demonio
el que me dio tal bocado
con dientes tan ponzoñosos,
que haber servido pudieran
al fiero dragón de Cólcos.
Mas viéndome sin remedio
los inconvenientes todos
junto, y digo: «Si doy voces,
oirálo Nuño, y su enojo
vengará en mí; si adelante
paso, encontraré algún hoyo,
donde me sepulte vivo».
Y así, por remedio escojo
sentarme y estarme quedo.
Casi dos días del modo
que ves estuve gimiendo
con que tal figura tomo
que en esqueleto con vida

| | desmayado me transformo
hasta que entrar a Costanza
vi por un postigo angosto
que yo, de temor, no hallé
y entonces despedí ansioso
tan flaca voz, que por flaca
pudieran llevarla en hombros.
De su vestido me así,
y ella, que, volviendo el rostro,
vio en mí una cara de muerto,
dio voces, llamó «socorro»,
conocióme, a Sancha avisa,
y como aliento no gozo,
las dos al desmayo mío,
dieron pistos de bizcochos.
En fin, Sancha me regala,
presto mis alientos cobro
porque con pechugas de aves
dulcemente les soborno.
Así estuve, así me vi.
Agora, ya que te informo,
conocerás que merezco
más tu piedad que tu enojo. |
|---|---|
| García | Todos son enredos tuyos. |
| Laín | ¡Que esto escucho y no me torno
yermo! ¿Es enredo la cara
con que a lástima provoco?
¿Dos dedos menos el pico
de la nariz, que a ser romo
se pasó, de puntiagudo?
¿El dolor con que pregono
desconcertada la espalda? |

| | Si esto es enredo, a ser novio
antes me iré que sufrirte. |
|-----------|---|
| García | No halle remedio a mi ahogo,
pues cuando entre negras sombras
mil dificultades rompo,
y a la garganta de Nuño
casi la cuchilla pongo,
sale Sancha y me detiene,
al golpe sirve de estorbo,
si no la escucho se enoja,
voces da si no respondo;
Llora, y el llanto parece
que van vertiendo sus ojos
perlas, que, como claveles,
llueve la aurora en su rostro,
o que a la púrpura el cielo
cubre de nevados copos.
Pues mi fiero dolor sea
mi muerte, pues cuidadoso,
ni a Nuño en su casa mato
ni a Sancha en mis brazos gozo. |
| (Vase.) | |
| Laín | Furioso parte mi amo;
mucho temo lo furioso
pues yo me iré muy a espacio;
porque cuando borrascoso
anda el juicio del amo,
y el entendimiento es corto,
puede de un golpe a un criado
cíclope hacerle de un ojo.
Y así, para no ponerme |

en lances tan peligrosos,
mejor que el andar apriesa,
será el andar poco a poco.

(Vase. Salen doña Sancha y Costanza con mantos, y un Escudero.)

Sancha   Todo está como asombrado.
Tan gran soledad me admira.

Costanza   ¿Dónde Elvira estará?

Sancha   Mira
si parece algún criado.

Escudero   Yo llamo y no me han oído;
ni un jazminillo hay que ladre.

(Llame.)

Sancha   En fin, es casa sin padre,
triste albergue sin marido.

Costanza   ¿No tiene a su hermano?

Sancha   Es llano
que ocupa, con ser honroso,
más la sombra de un esposo
que la vista de un hermano.

(Llama.)

Escudero   Vuelvo a llamar.

Costanza   Pasos oigo.

(Vanse Costanza y el Escudero. Sale doña Elvira.)

Elvira ¿Quién es quien da tantos golpes?
¿No hay un criado ahí afuera?
¿Qué es esto?

Sancha No te alborotes.
Doña Sancha soy de Castro.
Dejadnos solas.

Elvira ¿Tú pones,
doña Sancha, el pie en mi casa?

Sancha No temas ni te congojes.

Elvira Jamás conocí el temor.

Sancha Pues si no, agora conoce
que —si el intento piadoso
permites que no se logre—
a qué he venido. En Castilla
nuestros bandos tan disformes
se verán, que han de correr
arroyos de sangre noble,
más que al mar undosos ríos
de plata encrespada corren.
Y así, para que el intento
con que vengo sepas, oye:
Cuando dio a tu padre muerte
mi hermano, rompiendo el orden
del respeto y cortesía
que la ancianidad se pone,
que lo sentí, sabe el cielo,

con tanto extremo que entonces
a números apostaban
las lágrimas con las voces;
porque, en fin, dispuso Nuño,
para que yo me congoje,
dos aciertos, que a sus ojos
los culpa quien los conoce.
Por error le califico
contra mi sangre, que un joven
manchara, poco advertido,
en la senectud su estoque.
Esto es verdad; pero ya
¿qué remedio habrá que cobre
sangre de un cadáver frío,
que helado mármol recoge?
¿Qué victorias, qué trofeos,
qué generosos blasones
adquiere quien obstinado
rige venganzas atroces?
¿Qué asalto emprende animoso?
¿Qué enarbolados pendones
sigue? ¿Qué contrarios rinde?
¿Qué enemigo escuadrón rompe?
Ojalá que hallar pudiera
vida en las llamas don Lope;
que yo en incendio voraz
fuera destrozado roble,
para que, viendo mi pecho
de piedad efectos nobles,
Fénix, si no a sus cenizas,
renunciara en mis ardores.
Y no juzgues que temor
la acción que miras dispone,
ni que para hablarte, Elvira,

mi hermano me ha dado orden,
pues sé que si a su noticia
mis culpas llegaran torpes,
que dividiera mi cuello
de un puñal el fiero golpe.
En fin, es una desdicha
quien loca me descompone,
y quien mis quejas alienta
un vil desprecio de un hombre.
¡Oh, pluguiera a Dios que antes
que a manos de la desorden
que agora culpo, borradas
viera mis obligaciones,
que alto risco, desgajado
del más empinado monte,
que aguda flecha veloz,
que bruta fiera del bosque
me acabara, y de la cueva
que no permite que more
sus horrores alma fueran
mis ojos habitadores!
Tu hermano, en fin, doña Elvira,
tu hermano... El dolor depone
al aliento —¡qué vergüenza!—.
Suspéndenme los temores.
Las palabras detenidas,
frío sudor las encoge
y helado el pecho, despide
por tales respiraciones.
¡Ah, mal haya la mujer
que loca ejecuta acciones,
que las calle por injustas,
o las niega si las oye!
Tu hermano, cual otro Eneas,

huésped ingrato una noche
robó al jardín de mi honor
las más estimadas flores;
de prevenidas cautelas
guarneció sus intenciones,
obrólas en mi ruina,
gozólas en mis errores.
Llegó perdido a mi quinta.
Hospedéle, porque el nombre
me dijo, rogóme amante,
pero tirano engañóme;
agora olvidado niega
su palabra y mis favores;
glorias que gozó dichoso,
bárbaro las desconoce.
De ilustre fama, por cierto,
de honroso timbre compone
su cabeza, estos serán
sus laureles vencedores.
Un Estrada, ¿es bien que, injusto,
precisas leyes derrogue,
y que a deudas tan debidas
paguen tan viles rigores?
¿Un noble ha de permitir
que engaños le deshonoren,
que la cautela le injurie,
que la falsedad le nombre,
que una mujer se desprecie,
que unos ojos tristes lloren,
que un espíritu suspire,
que un alma alientos ignore?
Éstas sí que son afrentas,
éstos delitos enormes.
Éstas sí que son desdichas.

Éstas sí que son traiciones,
que no una muerte. El herir,
el matar, es en los hombres
una violencia, una furia,
un colérico desorden;
pero engañar una dama
es acción que reconoce
la villanía, es querer
que la infamia le deshonre.
Las promesas que se hacen,
las palabras que se ponen,
no ha de haber ley que las venza,
no ha de haber quién las revoque.
¿Con doña Sancha de Castro,
conmigo tratos tan dobles?
¿Con quien por sangre y por lustre
los más remotos conocen?
Rabio solo de pensarlo;
temo que el dolor me robe
el sentimiento o que de éste
la cólera me despoje.
Si no mirara que es fuerza,
para evitar disensiones,
que de mis brazos tu hermano
su pecho inconstante adorne,
cuánto miro, cuánto veo,
cuánto en sí contiene el orbe
viera su fin lastimoso
en mis ardientes furores.
Mas no es tiempo que a los gustos
los alborotos estorben,
ni de que a las paces pongan
impedimento las voces.
No es bien que más don García

    modos vengativos obre,
ni que mi agravio le culpe,
ni que tu enojo le apoye.
    Recuerden las amistades,
dulce parentesco logren;
en la piedra del olvido,
sepúltense los rencores.
    Así de metal luciente
tus blancas sienes corones,
y al imperio de tus plantas
soberbios rayos se postren;
así a los orbes la fama
de tu beldad les informe,
así sus ecos escuchen,
así tus huellas adoren,
así el nevado jazmín
de tu frente no despoje
el tiempo, ni de tus labios
el purpúreo clavel tronque,
que dispongas luego, Elvira,
que contigo se despose
mi hermano, y que yo en el tuyo
promesas cumplidas goce;
habrá con esto pinceles
para que tu cielo copien,
para eternizarte mármol
y para adorarte bronce.

Elvira   A responderte no acierto.
Pésame, Sancha, de ver
que así te ofenda el poder
de un culpable desacierto.
    Si con mi vida pudiera
que tu honor se restaurara,

	a las llamas la entregara,
	al cuchillo la ofreciera;
	porque, logrando cuidados,
	los campos —¡qué maravilla!—
	no se vieran en Castilla
	de nuestra sangre bañados;
	mas, como no hay quién impida
	tu no vencido dolor,
	Sancha, el remedio mejor
	será la sangre vertida.

Sancha   ¿Así te burlas de mí?
                ¿Esa respuesta me das?

Elvira   Yo no me burlo jamás;
                las burlas viven en ti,
                   pues con parecer liviano
                quieres en tal desconcierto,
                que olvide a mi padre muerto,
                y me case con tu hermano.

Sancha   ¡Ea, baste! Que atrevidas
                palabras y tan pesadas
                son malas para escuchadas,
                peores para sufridas,
                 cuando con vil entereza
                más le desprecie mi mano.
                Soy Castro y tengo un hermano,
                y el tuyo tiene cabeza.

Elvira   De esa respuesta enfadada,
                en tu necio enojo arguyo,
                que falta cabeza al tuyo,
                pues no la tiene cortada.

Sancha	¡Qué necia estás! De la mano
de Nuño saldrá el castigo.
Elvira	Bien podrá; porque contigo
no se ha de casar mi hermano.
Sancha	Voyme, que el verte me enfada;
porque aún verme no mereces.
Elvira	Puedo honrarte cuantas veces...

(Sale don García.)

García	¿Qué es esto, Elvira?
Elvira	No es nada.
García	Dilo. Acaba.
Sancha	Bien mi fama
restauro y mi honor perdido.
García	Dime, Elvira, lo que ha sido.
Elvira	Pregúntaselo a tu dama.
Sancha	Bien dices; verá mejor,
García, aunque no se venza,
en tu voz la desvergüenza
y en mi respuesta el dolor.
Su dama —¡Ah, cielos!— me llama
tu osadía, y yo, que ser
más bien de Alfonso mujer

pudiera que no su dama,
muero en rabiosas fatigas,
porque, aunque sé conocerlo,
no me ofende tanto el serlo
como que tú me lo digas.
   De esto es honra el ofenderse
pues la afrenta ha de advertirse
que consiste en el decirse
mucho más que en el hacerse.
   Buena quedo, bien honrada,
a dos agravios rendida,
de un desprecio despedida
y de un engaño afrentada.
   Ya, en fin, no hay medio que cuadre
a los que miran más sabios.
Yo padezco dos agravios,
vosotros muerte de un padre.
   Ver podéis cuál es mayor
afrenta y más conocida;
o que se pierda una vida,
o que se infame un honor.
   Mas el verlo y el decirlo
lo mostrará, sin dudarlo,
brazo que sabrá vengarlo,
y hecho que sabe sentirlo.
   Rayo que sin resistencia
os abrase he de ser luego
sin que se aplaque en el fuego
ni se temple en la violencia;
   cueva que al día os oculte,
seré entre sombras temidas,
o a pesar de vuestras vidas,
duro mármol que os sepulte.
   Esto he de ser. Mi valor

a vengar desde hoy empieza
un desprecio en la nobleza
y una afrenta en el honor.

(Vase.)

García Doña Elvira, Nuño, el día
que a tu amparo se entregó,
fiel seguridad halló
en tu piedad y la mía.
Vida le dio tu porfía
y agora, que a Sancha ves
casi humillada a tus pies,
tú, que con tu enojo luchas,
¿ni agradecida la escuchas,
ni la respondes cortés?
　A más dudas me provoca
ver, cuando el acero empuño,
que estás cuerda para Nuño
y para Sancha estás loca.
Términos villanos toca
en ti la razón ya ciega,
pues cuando el valor se niega,
más obedecer pretende
a las iras del que ofende
que a las voces del que ruega.
　No digo que tú admitieras
de Sancha el ruego amoroso,
ni que pecho generoso
liberal le concedieras;
pero que le agradecieras
más cortés la voluntad;
porque es mayor calidad
que halle con seguro abrigo

                    el ruego del enemigo
                    valimiento en la piedad.
                       Aunque el sufrir es bajeza
                    de uno la descortesía,
                    el tenerla yo, sería
                    falta de mayor nobleza;
                    y así, el ver que a tu grandeza
                    la cortesía no esmalta,
                    me ofende, porque más alta
                    generosidad previene
                    el dársela a quien la tiene
                    que el pedirle a quien le falta.

Elvira   Si de Sancha no admití
                    el ruego, y le desprecié
                    ciega y enojada, fue
                    por el dolor que hay en mí;
                    mas, con el pesar que a ti
                    estos desprecios te dan,
                    que ya prefiriendo están
                    contra tu opinión colijo
                    a los aciertos de hijo
                    las piedades de galán.
                       Más gloria tengo adquirida
                    en dar a Nuño sagrado,
                    que tú, porque te ha pesado
                    de dejarle con la vida.
                    Este pesar homicida
                    es de la acción de tu pecho;
                    porque en quien mal satisfecho,
                    lo liberal no le aplace,
                    quita el ser bien el que hace
                    el pesar de haberle hecho.
                       Si yo descortés he sido,

soy hija y siento mi agravio;
mas tú, amante y poco sabio,
eres cobarde y rendido.
De mi padre el pecho herido
pide venganza bastante;
y así, en voz tan importante
es mejor, aunque te aflija,
el ser descortés por hija
que cobarde por amante.
  García, ya basta. ¡Ea!
Niega a lascivos placeres
los aciertos de quien eres.
En la venganza te emplea.
O, si no, porque se vea
cuánto mi dolor en vano
persuade a un vil hermano,
—¡Vive Dios!— en mí ofendido,
que lo que tú no has sabido
lo sepa vengar mi mano.

(Vase.)

García   Sancha sin honor me llama.
Quien me engendró quiere ser
vengado. ¿He de obedecer
a mi padre o a mi dama?
Pero la deuda me infama,
mi ignorancia es conocida
pues con razón advertida
parece, en cualquier cuidado,
más bien un padre vengado
que una dama obedecida.
  Sí; pero cualquiera afrenta
en mujer, suelen sentirla,

vengarla y aún recibirla
los extraños por su cuenta;
pues si esto es así, ¿qué intenta
el discurso? Ya eternizo
en mí a Sancha, hermoso hechizo,
porque la afrenta impaciente
si la venga el que la siente,
la deshaga el que la hizo.
   Pues, ¿qué aguardo? Ya es mi esposa
Sancha; y, ¿qué dirá Castilla?
Dirá que el alma se humilla
de don Nuño temerosa.
¡Ay, honor! ¡Qué fiera cosa!
El qué dirán me fatiga
pues lo que a esta voz obliga,
para que más satisfaga,
es razón que no se haga
solo porque no se diga.
   Perdona, Sancha, perdona;
que si tu queja me culpa,
la obligación me disculpa,
cuando el rigor me ocasiona.
Y, pues, la atención pregona
intentos que restituyo
al ánimo, en quien concluyo
la satisfacción que elijo,
en haciendo como hijo,
haré después como tuyo.

(Vase. Sale un Criado, con un papel, y Laín, deteniéndole.)

Laín   Aguárdese un poco, aguarde.

Criado   Quiero a don García hablar.

Laín	Primero le he de avisar.
	Aguárdese; que no es tarde.
Criado	Importa darle un recado,
	y con brevedad no poca.
Laín	A mí solo entrar me toca,
	porque nací su criado.
	Los que no lo son, no dan
	voces ni se entran aprisa.
	¿Qué sabe si está en camisa
	o como su padre Adán?
	¿No hay más de con tal violencia?
	Éntrome allá.
Criado	Bueno está.
Laín	No está bueno ni estará;
	que no ha de entrar sin licencia.
	Que se retire le pido,
	no mi enojo quiera ver;
	que esto no lo puede hacer
	si no es un entremetido.
	Sálgase.
Criado	No es acertado,
	estando aquí, que me salga.

(Sale don García.)

García	¿Qué es esto?
Laín	No hay quien se valga

	con este necio criado; porque tiene en el furor, con quien licencioso llama para entrar hasta la cama resabios de embajador.
Criado	Nuño, mi señor, me dio para vos este papel.
García	¿Qué puede querer? Mas él diga lo que dudo yo.
(Lee.)	«He sabido que vos y vuestra hermana publicáis, muy en mi daño, lo que pasó en vuestra casa, y que los miedos de vuestra resolución me retiran de vuestros ojos; y así, os aguardo esta tarde en Miraflores, con espada y capa, para que más bien podáis conseguir vuestra venganza, o yo desmienta el descrédito en que me habéis puesto. Nuño de Castro» Nuño será obedecido. Id con Dios.
Criado	Quedad con Él.
(Vase.)	
Laín	¡Malo, por Cristo! ¡Papel de desafío! ¡Perdido soy!
García	Ven conmigo, Laín,

	y pon silencio en tu boca.
Laín	¿Qué he de hacer? Callar me toca. Si no, llegará mi fin.

(Vanse. Salen don Nuño, y el mismo Criado, dándole un papel.)

Nuño	¿Qué dices? ¿Papel a mí?
Criado	Digo, señor, que un criado me lo dio de don García para poner en tus manos. En él verás si es verdad.
Nuño	Sus letras me dan cuidado. Dice así: «Dejo al valor lo que pudiera el engaño, pues en la venganza es justa más la industria que las manos. A las seis en Miraflores, Nuño, esta tarde os aguardo solo, con espada y capa, porque animosos veamos, vos sin riesgo vuestra vida, o yo mi padre vengado». Esto es ya reputación. Con la tardanza me agravio. Mas los cielos, don García, saben de mi afecto cuanto me pesará de reñir con quien así me ha obligado. Si tú lo quieres, no puedo, aunque lo sienta, excusarlo; porque estos lances precisos,

	que al honor importan tanto,
	ejecutados parecen
	más bien que considerados.
	Ya es hora. Quédate en casa.

(Vase.)

Criado	Con el orden que me ha dado
	doña Sancha ya he cumplido.
	Los fines disponga el hado
	de manera que dichosa
	límite ponga a su agravio.

(Vase. Sale don García, solo.)

García	Valor en el Castro arguyo,
	pues ha querido buscar
	pecho en mí, donde acertar
	pueda, como yo en el suyo.
	En el puesto estoy. Mejor
	es adelantarme en esto;
	que llegar antes al puesto
	es crédito del valor.
	Pero me quiero advertir
	que, ya que estoy esperando,
	sea solo imaginando
	que al enemigo he de herir;
	que quien piensa inadvertido
	que el otro le ha de vencer,
	en la ocasión se ha de ver
	muy cerca de ser vencido.
	Gente he sentido, sin duda
	es Nuño de Castro.

(Sale don Nuño.)

(Aparte.) (Llego
corrido de que García
se haya adelantado al puesto;
pero no importa, si yo
no tardo conforme al tiempo.)
Pocas veces se ha dejado
de ver que correspondiendo
vive el valor a la sangre.

García Con las armas lo veremos.

(Al meter mano, sale doña Sancha, con espada ceñida y una pistola.)

Sancha Aguarda; que llega Sancha
suspended el movimiento
de las armas, porque oigáis
lo que ofendida he dispuesto.

Nuño ¿Qué es lo que intentas? Aparta.

Sancha ¡Vive Dios, que paso el pecho
del que mi voz no escuchare!

García (Aparte.) (Más que a Nuño, a Sancha temo.)

Sancha Los papeles que llegaron
hoy a los dos, del ingenio
mío traza fue, arbitrada
para juntarnos y vernos
donde todos, animosos,
el perdido honor cobremos.
García, sin padre estás;

no te inquietes, porque luego
tiempo habrá para que des
a la venganza el esfuerzo.
Hermano, el honor te falta;
esto sí es desdicha, esto
fenecer a la violencia
del más penetrante acero;
mas, como el que le robó
está presente, no pierdo
para restaurarle el brío
a quien valiente obedezco.
Garci-Velázquez de Estrada,
escoge, antes que pasemos
adelante, lo que quieres;
ser mi esposo o que tu cuerpo
sin vida ocupación sea
lastimosa de este suelo.
Y no pienses que, aunque armado
un escuadrón de mis deudos
en lo umbroso de aquel sitio,
que álamos adornan, dejo.
Me he de amparar de sus armas,
me he de valer de su imperio
para castigar sus culpas,
para vengar los desprecios
de doña Elvira, tu hermana.
Atiende a lo que pretendo;
porque antes que despidas
el «no» por la boca, fiero,
el plomo de esta pistola
te habrá robado el aliento.

García   Traición, Sancha, ha sido tuya,
pues con tus parientes mesmos

	me obligas a que me case.
Nuño	Señor don García, el tiempo que ha que falta vuestro padre, siempre habéis andado atento, procurando vigilante vuestra venganza en mi pecho. Siendo así, agora me toca cobrar el honor que pierdo.
Sancha	Aparta, Nuño, pues yo que he venido a disponerlo sé que sabré conseguirlo. En la dilación hay riesgo. García, di. ¿Qué respondes?
García	Que me mates, que este pecho dividas. Verás en él fieramente combatiendo a la fe con que te adoro y al amor con que venero de mi padre las cenizas.
Sancha	¡Ah, García! Ya te entiendo; ya el sí dices, aunque callas. Claro está que tus afectos arrojan el sí, que el alma nunca ha tenido encubierto. Mas no lo prosigas, calla; que aunque tú, inhumano y fiero, miraste mal por mi honor y despreciaste mis ruegos, yo agora, más generosa, mirar por el tuyo quiero,

solo porque no publique
la voz durable del tiempo
que de temor dijo sí
un tan noble caballero.
Y así, para conseguir
lo que ingeniosa pretendo,
basta que lo diga el alma
y que lo calle el deseo.
¡Parientes, ya don García
dice a voces que es mi dueño!

(Hace que habla adentro.)

Ya eres mi esposo. Pues mira
cuánto te estimo, que quiero
por serlo, que hoy a tu padre
vengues en mi hermano mesmo.
Bien puedes reñir, acaba;
y no imagines que tengo
parientes que le defiendan,
que fue solo fingimiento
para obligarte a que dieras
feliz logro a mi deseo.
¡Ea, acaba a tu enemigo,
sin embarazos te ofrezco.
Fenece ya con su vida;
pero, aguarda, que más presto
haré que llegue la muerte
con esta bala a su pecho.

(Pónese al lado de don García, y apunta a don Nuño.)

Nuño   ¿Qué es lo que haces, doña Sancha?

Sancha	Matarte.
Nuño	¿Mi fin sangriento busca quien nació mi hermana? ¿Contra mí rigor tan fiero?
Sancha	Sí, porque es más un marido y un hermano mucho menos, y antes que aquí con el tuyo mida su brillante acero, por no mirarle en peligro quiero excusarle del riesgo.
García	A mujer que tanto sabe, dificultades venciendo, obligar contra su sangre, fuera villano y grosero quien no la diera y rindiera nobles agradecimientos. Nuño, por Sancha te estimo, por ella reñir no puedo contigo. Tu hermano soy.
Nuño	Yo tu amigo verdadero.

(Salen Laín y Andrada.)

Laín	¡Gracias a quien lo ha hecho todo! ¿Sancha con boca de fuego? Ballesta y lanzón había solamente en aquel tiempo; mas la ballesta se deja para cuando Alfonso el Sexto tome juramento al Cid.

García	Siempre, cuando los discretos disponen los fines, hallan tan acordados aciertos. A Nuño daré mi hermana.
Nuño	Glorias con ella poseo.
Laín	Yo la llevaré las nuevas de este feliz casamiento, por excusar, advertido, que murmure algún discreto, si a casarse por el aire vino volando a este puesto.
Sancha	Costanza, Laín es tuya.
Laín	No será porque no quiero.
Sancha	¿Así la desprecias?
Laín	Sí; no te espantes, porque temo, aunque me ves hombre agora, transformaciones de ciervo.
García	Si no ha sabido, señores, por su ignorancia, el ingenio obligar contra su sangre, castigo será el ser necio.

Fin de la comedia

Libros a la carta
A la carta es un servicio especializado para
empresas,
librerías,
bibliotecas,
editoriales
y centros de enseñanza;
y permite confeccionar libros que, por su formato y concepción, sirven a los propósitos más específicos de estas instituciones.
Las empresas nos encargan ediciones personalizadas para marketing editorial o para regalos institucionales. Y los interesados solicitan, a título personal, ediciones antiguas, o no disponibles en el mercado; y las acompañan con notas y comentarios críticos.
Las ediciones tienen como apoyo un libro de estilo con todo tipo de referencias sobre los criterios de tratamiento tipográfico aplicados a nuestros libros que puede ser consultado en Linkgua-ediciones.com.
Linkgua edita por encargo diferentes versiones de una misma obra con distintos tratamientos ortotipográficos (actualizaciones de carácter divulgativo de un clásico, o versiones estrictamente fieles a la edición original de referencia). Este servicio de ediciones a la carta le permitirá, si usted se dedica a la enseñanza, tener una forma de hacer pública su interpretación de un texto y, sobre una versión digitalizada «base», usted podrá introducir interpretaciones del texto fuente. Es un tópico que los profesores denuncien en clase los desmanes de una edición, o vayan comentando errores de interpretación de un texto y esta es una solución útil a esa necesidad del mundo académico.
Asimismo publicamos de manera sistemática, en un mismo catálogo, tesis doctorales y actas de congresos académicos, que son distribuidas a través de nuestra Web.
El servicio de «libros a la carta» funciona de dos formas.
1. Tenemos un fondo de libros digitalizados que usted puede personalizar en tiradas de al menos cinco ejemplares. Estas personalizaciones pueden ser de todo tipo: añadir notas de clase para uso de un grupo de estudiantes, introducir logos corporativos para uso con fines de marketing empresarial, etc. etc.

2. Buscamos libros descatalogados de otras editoriales y los reeditamos en tiradas cortas a petición de un cliente.